AF410992

LES
COLONIES PORTUGAISES

PAR

H. BOURDIOL,

INGÉNIEUR CIVIL,

Membre de la commission centrale de la Société de géographie de Paris,
membre correspondant de l'Académie royale des sciences de Lisbonne, etc.

EXTRAIT DU BULLETIN DE LA SOCIÉTÉ DE GÉOGRAPHIE

(JUILLET 1866)

PARIS

IMPRIMERIE DE E. MARTINET

RUE MIGNON, 2.

1866

LES
COLONIES PORTUGAISES [1]

L'origine des colonies portugaises remonte aux xve et xvie siècles, à ces époques à jamais mémorables dans les annales de la civilisation, alors que d'infatigables navigateurs, inspirés par la foi et le patriotisme, reculaient chaque jour les limites du monde connu et ouvraient une ère nouvelle à l'humanité. Le Portugal a contribué dans une large mesure à l'accomplissement de ces merveilleux exploits, qui ont agrandi tous les horizons et préparé la féconde révolution économique, dont les générations modernes sont appelées à recueillir les meilleurs résultats.

Les opérations militaires des Portugais en Maroc, vers le commencement du xve siècle, sont le point de départ de leur puissance maritime. A la suite des succès éclatants obtenus devant Ceuta en 1415, l'infant don Henri, le Navigateur, conçut le projet d'entreprendre des explorations maritimes sur la côte occi-

(1) Notice rédigée à l'occasion du livre intitulé : *Relatorios do ministro e secretario d'Estade dos negocios da marinha e ultramar apresentados à camara dos senhores deputados nas sessóes de 1863-1864.* Lisboa, imprensa nacional. Ce livre a été offert à la Société par M. José da Silva Meudes Leal, ministre de la marine du royaume de Portugal.

dentale d'Afrique, dans le but de reconnaître les régions situées au delà du cap Bojador, qui jusqu'alors avait marqué le terme ordinaire des navigations européennes. Ces explorations, plusieurs fois renouvelées et s'étendant sans cesse, amenèrent la découverte du cap de Bonne-Espérance, et douze ans après, celle de la route maritime des Indes, immortalisée par Camoëns, l'Homère de l'Iliade portugaise.

Le XVIᵉ siècle s'ouvre sous l'impression des grands événements auxquels s'étaient attachés les noms de Bartholomé Dias, de Christophe Colomb et de Vasco da Gama. Les deux peuples de la péninsule ibérique dominaient alors sans partage sur les océans. La fameuse bulle du pape Alexandre VI, disposant de la souveraineté des mondes nouveaux, avait attribué l'Orient au Portugal et l'Occident à l'Espagne. Chaque année vit de hardis conquérants s'élancer vers ces terres inconnues, partant de Lisbonne ou de Cadix, et rivalisant dans la carrière des découvertes et des prises de possession. Le champ de la géographie s'élargissait sans cesse sous l'heureuse influence de ces événements, qui faisaient passer le globe sous l'empire de la civilisation et révolutionnaient les itinéraires du vieux monde. Le commerce entre l'Europe et l'Inde, qui avait suivi constamment les routes de l'Euphrate et d'Alexandrie, se trouva facilité par la nouvelle voie maritime que Vasco da Gama venait de tracer autour de l'Afrique ; il acquit un immense développement, devint l'apanage presque exclusif des Portugais et assura leur suprématie sur tout l'Orient.

C'est alors que le Portugal forme dans l'Inde une

magnifique colonie où le génie de ses vice-rois, surtout
d'Alphonse d'Albuquerque, sait élever rapidement par
des combinaisons militaires et politiques le prodigieux
édifice de sa puissance coloniale. En Afrique, les côtes
orientale et occidentale, depuis Ceuta jusqu'au cap Guar-
dafui, sont soumises à son pavillon; dans le Nouveau-
Monde, il balance l'influence de l'Espagne en s'éta-
blissant au Brésil. L'Asie, l'Afrique et l'Amérique lui
envoient leurs tributs, et des navires chargés de trésors
affluent à Lisbonne de tous les points de l'univers.

La puissance des Portugais, arrivée à son apogée,
décline rapidement après la désastreuse bataille d'Al-
cacerquivir, et vient s'ensevelir dans ces mêmes plaines
d'Afrique où elle avait trouvé son berceau. Le Portugal, en perdant son prestige, voit peu à peu ses vastes
domaines d'outre-mer passer en d'autres mains; le floris-
sant empire qu'il avait fondé dans l'Inde lui est enlevé
par les Hollandais et se réduit graduellement à quelques
comptoirs; en Afrique, ses meilleures possessions
tombent au pouvoir des Espagnols, et perdant son
antique prépondérance sur ce continent, il n'y joue
plus qu'un rôle secondaire.

Cependant la couronne de Portugal conservait encore
dans le Nouveau-Monde son plus beau fleuron. Le
Brésil, après la perte des Indes orientales, entretient
longtemps encore une certaine prospérité dans la métropole. L'ardeur que les Portugais mettent à exploiter
cette possession est poussée à son paroxysme; ils émi-
grent en masse et donnent l'exemple unique d'une
nation de moins de quatre millions d'habitants, défri-
chant et fertilisant une contrée aussi vaste que les trois

quarts de l'Europe. Toutes leurs forces vives se portent vers le Brésil, au grand détriment de leurs colonies d'Afrique. Celles-ci, exclusivement exploitées pour fournir des esclaves, se dépeuplent et dépérissent tous les jours; la traite y est organisée sur la plus large échelle, et les populations africaines sont transportées en masse dans le Nouveau-Monde, tandis que leur territoire natal reste absolument abandonné.

En 1822, le Brésil se détache à son tour de la métropole, qui dès lors ne conserve plus que ses colonies d'Afrique dont l'état est déplorable, et quelques possessions dans l'Inde. Mais de plus rudes épreuves étaient encore réservées au Portugal dans la première moitié de notre siècle : après la guerre étrangère, il est bouleversé par la guerre civile, qui ruine ses finances, sa marine et son commerce. L'étoile de ce peuple, qui avait brillé si radieuse avec le prince Henri, l'illustre promoteur des découvertes, semble alors complétement éclipsée.

L'histoire du Portugal pendant ces trois derniers siècles présente quelque analogie avec l'histoire de l'Espagne, et fournit comme celle-ci de nombreux enseignements. Les mêmes causes ont présidé à la grandeur et à la décadence de ces deux nations. Le concert de la science et de la foi, de l'action et de la pensée, inspira de part et d'autre et accomplit les grandes découvertes; le fanatisme religieux poussé à l'excès et une avidité inouïe ont arrêté tout essor et produit ensuite les conséquences les plus déplorables. Les Portugais, de même que les Espagnols, se préoccupaient fort peu d'observer vis-à-vis des indigènes les fois de la justice et de l'humanité. Chez les Espagnols, le fanatisme religieux était peut-être plus ardent, mais les Portugais furent pour le moins aussi rigoureux, aussi tyranniques et aussi insatiables. Ces deux peuples ont contribué plus particulièrement à étendre cette hideuse plaie du xvie siècle, l'esclavage, dont ils étaient en quelque sorte les pourvoyeurs patentés. C'est à ces erreurs, à ces fautes et à ces crimes politiques qu'il faut attribuer la rapide décadence de la puissance portugaise et espagnole.

Les vicissitudes du Portugal paraissent avoir cessé depuis environ une vingtaine d'années. En recouvrant sa tranquillité intérieure, il a appliqué ses efforts à cicatriser les plaies que lui avaient causées de funestes événements, et peu à peu il a laborieusement acquis des institutions libérales, à l'abri desquelles il est entré pleinement dans le chemin du progrès. Il a su même se conquérir une place fort honorable parmi les nations civilisées. Son avenir aujourd'hui dépend d'une façon presque absolue du sage développement de sa marine et de ses colonies, qui du reste en ce moment sont l'objet de son attention toute spéciale.

Les rapports que M. José da Silva Mendes Leal, ministre de la marine et d'outre-mer à Lisbonne, a présentés aux Cortès en 1863 et 1864, et dont il a offert un exemplaire à la Société de géographie, nous donnent des renseignements exacts sur l'état actuel des colonies portugaises. Ces rapports, dont la Société m'a chargé de lui rendre compte, ont été faits pour des assemblées politiques auxquelles le sujet est familier, et ils nous semblent par conséquent incomplets sur plusieurs points, notamment en ce qui concerne la géographie.

M. Mendes Leal, membre de l'Académie des sciences de Lisbonne, a laissé les meilleurs souvenirs dans l'administration portugaise. Il a fait partie du cabinet de 1862 à 1865, présidé par le duc de Loulé. La marine et les colonies lui doivent des réformes sages et utiles. M. Mendes Leal et le marquis Sâ da Bandeira, l'un de ses prédécesseurs, peuvent être classés parmi les hommes qui, dans ces derniers temps, ont travaillé avec le plus d'intelligence à l'organisation des colonies portugaises. M. Mendes Leal est non-seulement un homme d'État, il est aussi l'un des poëtes les plus remarquables du Portugal, et il a toujours su mener de front deux choses généralement difficiles à concilier : les affaires publiques et la poésie. J'ai parcouru attentivement ces intéressants rapports, et quoique la langue de Camoëns ne me soit pas très-familière, grâce à la facilité et à la netteté du style, je crois en avoir bien saisi l'ensemble. Les idées y sont exprimées avec beaucoup de clarté, ce qui est, dit-on, une qualité peu commune chez les Portugais.

Les possessions actuelles du Portugal occupent encore une certaine place sur la carte du monde; elles indiquent les jalons de la vaste domination coloniale qui s'étendait autrefois sur les contours de l'Afrique, dans les mers de la Sonde et jusqu'au fond de l'Inde. Ces possessions sont, en Afrique : l'archipel du Cap-Vert, la province de Sénégambie, les îles Saint-Thomas et du Prince, la province d'Angola et Benguella, et la

province de Mozambique ; dans l'archipel de la Sonde :
l'établissement de Dilly, dans l'île de Timor, avec un
droit de souveraineté sur une grande partie de l'île ;
en Asie : l'Inde portugaise, dont Goa est le centre prin-
cipal, et Macao en Chine. Les archipels de Madère et
des Açores ne sont pas considérés comme des provinces
coloniales ; ils forment politiquement et administra-
tivement partie intégrante du royaume portugais.

Les territoires d'Asie, bien qu'étant géographique-
ment les plus éloignés de la métropole, sont moralement et intellectuellement ceux qui s'en rapprochent
le plus ; ils participent plus intimement à sa vie politique, et sont enfin les plus aptes à être régénérés par
les institutions de la mère patrie. Néanmoins, ce sont
ceux dont l'avenir semble présenter le moins de pro-
messes. Goa, Timor, Macao renferment des éléments
maritimes et commerciaux d'une réelle importance,
mais leur horizon est borné par la prépondérance
écrasante des Anglais dans l'Inde et des Hollandais
dans l'archipel de la Sonde. En Afrique, au contraire,
un champ immense et fécond s'offre à l'activité des
Portugais ; là, d'immenses territoires n'attendent pour
devenir de riches provinces que des soins assidus et
intelligents. La colonisation y est laborieuse, les inconvénients et les obstacles y sont nombreux ; mais la
race portugaise a su maintes fois faire preuve de
l'énergie persévérante qui les surmonte.

La colonisation a été de tout temps plus négligée en
Afrique que dans les autres parties du monde, et le
courant de l'émigration s'est rarement dirigé vers ce
continent. Ce fait peut s'expliquer par l'hostilité des

indigènes et par l'inclémence du climat dans un grand
nombre de contrées africaines ; par la rareté, ou du
moins par la difficulté d'exploitation de gisements de
métaux précieux qui, ailleurs, en excitant la convoitise
des hommes et en stimulant leur activité, ont été dans
le principe un des éléments colonisateurs les plus
efficaces ; mais c'est surtout à sa configuration orogra-
phique, à l'insuffisance ou à l'imperfection du système
fluvial, qu'il faut attribuer le peu de développement de
la colonisation africaine.

En effet, l'Afrique est hérissée, sur la presque totalité
de son littoral, d'une double ceinture de montagnes qui
oppose une barrière naturelle aux communications avec
l'intérieur. Sa masse continentale ne présente pas,
comme l'Amérique et l'Asie, de ces grands golfes qui
échancrent les terres et pénètrent profondément dans
leur intérieur ; de ces voies navigables, telles que le Mississipi, l'Orénoque, les Amazones, la Plata et les grands
fleuves asiatiques qui, en sillonnant les continents
dans toutes les directions, offrent des moyens de trans-
port faciles et économiques, et sont par excellence les
messagers de la civilisation. En Afrique, au contraire,
les avantages des fleuves sont neutralisés par des cata-
ractes ou des rapides, et la navigation y est fort res-
treinte. Le Nil lui-même, le grand fleuve historique, qui
féconde si heureusement les terrains qu'il arrose, ne
présente pas les caractères favorables des cours d'eau
des autres parties du monde ; la navigation n'y est
facile que sur environ 250 lieues ; aussi, dans cette
zone parallèle à la mer Rouge, a-t-on vu de tout temps
se presser une nombreuse population. Si le Nil eût

offert les avantages du Mississipi, par exemple, le centre de l'Afrique qui, malgré de nobles efforts et de courageuses investigations, reste encore pour nous le monde des mystères, aurait été dévoilé depuis long-temps, et ce beau fleuve serait devenu l'artère vitale du continent africain. Il en est de même du Niger, du Zambèse, du Sénégal et des autres cours d'eau d'Afrique, dont la navigation présente de nombreux inconvénients. Les voies naturelles et économiques indispensables au commerce, qui est le premier mobile de la colonisation, ont fait défaut à l'Afrique, et les peuples industrieux sont allés porter ailleurs, dans des contrées plus favo-risées, leur intelligence et leur activité, tandis que ce vaste continent, situé aux portes de l'Europe, était à peine exploité sur quelques points du littoral. Mais comme les autres parties du globe cffrent de jour en jour moins de territoires disponibles, et que déjà l'Afrique se révèle à nous comme possédant des ri-chesses non moins considérables que le Nouveau-Monde, les puissances européennes reviennent sur l'éloigne-ment que leur inspirait cette contrée et travaillent avec ardeur à s'y établir.

Il n'est pas sans intérêt de jeter un coup d'œil sur l'Afrique pour examiner les divers rôles qu'y jouent les puissances européennes.

L'Afrique est aujourd'hui en grande partie sous la dépendance morale de la France et de l'Angleterre d'abord, du Portugal ensuite, quoique à un bien moindre degré.

Examinons les faits : l'Égypte se développe princi-palement au contact des idées de la France ; tous les

territoires berbères, grâce à l'Algérie, sont moralement
sous notre suzeraineté ; la Sénégambie est évidemment
plus française que britannique et portugaise, et la
France conserve encore de vieux droits sur Madagascar.
La géographie dit le reste : l'Algérie, Gorée, la rivière
du Gabon, la Réunion, Mayotte, Nossi-Bé, Sainte-
Marie et divers points du littoral de Guinée et d'Abys-
sinie nous appartiennent.

Seule, l'Angleterre essaye d'amoindrir notre prépondérance politique dans le nord, tout en continuant à
s'agrandir dans le sud. L'Afrique méridionale, moralement et matériellement, est déjà en grande partie sous
la dépendance du pavillon britannique ; le Royaume-
Uni possède en effet : la colonie du Cap, point de relâche
obligé de tous les navires qui se dirigent de l'Atlantique vers l'extrême Orient ; à quelques centaines de
kilomètres de là, la colonie de Port-Natal lui ouvre les
voies de la Cafrerie intérieure ; l'île Maurice, l'île Ro-
drigue, les Séchelles, Socotora, Sainte-Hélène, l'Ascen-
sion, les îles Tristan da Cunha, sont autant de senti-
nelles avancées qui entourent l'Afrique australe, tandis
que sur le continent, la côte de Sierra-Leone, le cap
Corse, plusieurs autres points de la côte d'Or, le Lagos,
qui commande l'entrée du Niger, la colonie de la Gam-
bie, ne sont que des portes ouvertes pour pénétrer
dans l'intérieur. A ces possessions déjà nombreuses il
faut ajouter une foule de petits îlots, sortes d'anneaux
de la chaîne immense dont elle entoure la terre entière.
Les explorateurs et les missionnaires anglais qui sil-
lonnent l'Afrique australe et équatoriale sont aussi des
pionniers politiques, visant au même but que les voya-

geurs russes qui parcouraient hier les bords du fleuve Amour; ils font prévaloir l'influence de leur pays, dont ils préparent ainsi la domination. L'avenir réservé à la plupart des territoires de l'Afrique méridionale est peu douteux : la Cafrerie, le pays des Hottentots, celui d'Ovampie, la Nigritie et plusieurs points de la côte orientale sont destinés à tomber un jour au pouvoir de l'Angleterre.

Certaines lois politiques semblent en effet aussi fatales que celles qui régissent les mondes dans leurs révolutions.

Comme influence, le Portugal ne joue en Afrique qu'un rôle bien moindre. Cependant il y possède de vastes territoires, dont la superficie est évaluée à 140 millions d'hectares (1), ce qui fait plus de deux fois la superficie des possessions françaises et quatre fois celle des possessions anglaises. La population des territoires portugais est relativement moins considérable que celle des territoires appartenant aux deux autres puissances; on l'estime à 2 400 000 habitants, soit un habitant par étendue de 58 hectares, tandis que pour les possessions françaises cette proportion est de un habitant par 20 hectares, et pour les possessions anglaises de un habitant par 36 hectares. C'est donc la France qui, sous ce point de vue, se trouve en Afrique dans les meilleures conditions coloniales.

Le Portugal est de toutes les métropoles celle qui

(1) Nous avons puisé les éléments de superficie et de population qui nous ont servi à établir ces chiffres dans l'*Almanach de Gotha*, d'après lequel ils ont été reproduits par le docteur Petermann dans les *Mittheilungen*.

de fait en 1878. M. le marquis de Sâ da Bandeira, dont le nom s'attache toujours aux mesures libérales, a présenté récemment à la chambre des pairs un projet pour l'émancipation immédiate des esclaves. Mais ce projet, auquel tout le pays adhère complétement, n'a pu être réalisé par suite de la difficulté d'indemniser les propriétaires. M. Mendes Leal propose l'émancipation graduelle, qui consisterait à préparer la race nègre à la civilisation et au travail au moyen d'engagements consentis avec les colons; il avait même, étant ministre, nommé à cet effet une commission dont les travaux ont été depuis interrompus. L'organisation des nègres est la première question que le gouvernement portugais ait à résoudre, c'est aussi la plus importante. Les bras des indigènes habilement exploités peuvent donner d'excellents résultats; c'est par leur moyen que les Hollandais ont su obtenir le magnifique développement agricole de Java. Le naturel africain est à la vérité accusé d'indolence; peut-être aussi n'a-t-il point de stimulants capables de le décider à un travail sérieux. Il faut lui créer des besoins; et à mesure que ces besoins s'accroîtront soit pour son utilité, soit pour sa parure, il fera certainement pour les satisfaire des efforts proportionnels; il est heureux d'échanger les objets qu'il peut produire contre ceux qu'il désire. Avec un tel goût pour le trafic, le commerce doit s'y développer.

Nous n'avons pas l'intention de faire ici l'historique complet des colonies du Portugal; nous allons simplement jeter un coup d'œil rapide sur ses possessions d'Afrique, en indiquant les faits principaux qui nous paraîtront devoir intéresser la Société de géographie.

ILES DU CAP-VERT.

Les îles du Cap-Vert, situées sur la côte occidentale d'Afrique, à la hauteur du cap du même nom, sont de toutes les possessions portugaises, en dehors de Madère et des Açores, les plus rapprochées de la métropole. Elles jouissent d'une excellente position géographique, et sont les étapes naturelles des navires qui se dirigent d'Europe vers l'Amérique méridionale et vers le cap de Bonne-Espérance. Cet archipel est composé de dix îles principales classées en deux groupes distincts : le groupe de Barlavento, qui comprend les îles S. Antão, S. Vicente, S^a Lucia, S. Nicolas, do Sal et Boa-Vista, et le groupe de Sotavento, qui comprend les îles de Maio, S. Thiago, Fogo et Brava. L'île S. Thiago est la plus grande et la plus peuplée, St Lucia est la plus petite. La superficie de l'archipel est de 428 000 hectares, et sa population de 89 300 habitants.

Les avantages que présentent ces îles au point de vue de la fertilité du sol, de la variété des produits et de la position maritime, ont été neutralisés jusqu'ici par des dissensions intestines, par les déplorables conséquences d'anciens monopoles commerciaux, et surtout par le retour fréquent de la disette et des épidémies.

En effet, l'archipel du Cap-Vert est périodiquement éprouvé par des crises alimentaires, qui désolent les populations et engendrent de véritables famines. La métropole, jusqu'ici, n'a pu en atténuer les ravages

qu'en s'imposant des sacrifices pécuniaires et en fai-
sant appel à des souscriptions publiques, auxquelles
d'ailleurs tous les Portugais, sans en excepter ceux qui
résident au Brésil, répondent avec un généreux em-
pressement; lors de la dernière crise, en 1863, le
gouvernement portugais ouvrit un crédit supplémentaire
d'environ 380 000 francs, et la souscription publique
produisit une somme de plus de 400 000 francs. Mais
les secours, quelles qu'en soient la nature et l'importance, n'apporteront jamais qu'un adoucissement passa-
ger, et le mal réclame des remèdes plus énergiques. Les
grandes sécheresses, quelquefois l'élément opposé, les
pluies torrentielles, sont les causes de ces calamités,
auxquelles le travail de l'homme peut seul remédier,
soit par l'arborisation des terrains, soit en utilisant
les eaux abondantes qui descendent des montagnes et
souvent produisent des inondations, soit enfin en exé-
cutant des systèmes de drainage, d'irrigation, de col-
matage et de desséchement. Cet ensemble de travaux,
notamment l'arborisation, produirait assurément les
plus heureux résultats au point de vue agricole aussi
bien qu'au point de vue sanitaire. Mais les dépenses
ne peuvent pas en être faites par le gouvernement
portugais, dont le budget est assez restreint et qui a
le devoir de veiller également sur toutes ses possessions. L'initiative individuelle et le concours des capitaux de sociétés privées parviendront seuls à améliorer
la situation d'une manière satisfaisante. La *Banque
nationale ultramarine*, récemment fondée à Lisbonne,
sous le ministère de M. Mendes Leal, et dont une suc-
cursale a été établie au cap Vert, bien qu'elle n'ait pas

encore généralisé suffisamment ses opérations, est appelée à rendre d'éminents services.

La métropole d'ailleurs, dans ces derniers temps, n'a pas négligé ses devoirs ; elle a fait exécuter des travaux publics assez importants, dont la dépense s'est élevée, pour les années 1858 à 1861, à la somme d'environ 260 000 francs. Nous puisons ces chiffres dans l'ouvrage très-méritoire et très-complet que M. Francisco Travassos Valdez a publié sur l'Afrique occidentale (1). M. Valdez a beaucoup observé dans l'archipel du Cap-Vert ; il en examine successivement les diverses branches d'exploitation, et il sait les critiquer ou les louer à propos. Il constate les services que M. Barreiros Arrobas, ancien gouverneur général, a rendus à cette colonie pendant son administration. C'est à l'initiative de M. Arrobas que l'on doit plusieurs mesures qui ont amélioré l'état sanitaire de la ville de Praia et développé les diverses industries de la contrée ; ce gouverneur a notablement contribué, sous l'initiative de M. Sâ da Bandeira, à diminuer le nombre des esclaves, peu considérable du reste dans cet archipel ; dans l'île

____

(1) *Africa occidental*, par M. Francisco Travassos Valdez. Cet ouvrage, qui avait été publié à Londres, en 1861, sous le titre : *Six years of a Traveller's life in Western Africa*, a été imprimé en 1864 à Lisbonne en langue portugaise, après avoir subi diverses modifications. La Société de Géographie a chargé l'auteur du présent rapport de faire un compte rendu de cet ouvrage ; mais comme jusqu'ici le premier volume, qui comprend Madère, les Canaries, le cap Vert, le Sénégal et la Sénégambie portugaise, a seul été publié, il est indispensable d'attendre le dernier volume pour examiner cet important travail dans son ensemble.

S. Vicente, notamment, l'esclavage est complétement aboli.

L'industrie agricole est fort arriérée dans les îles du Cap-Vert, où elle pourrait cependant prospérer, surtout dans les îles S. Thiago, S. Antão, S. Nicolas, Fogo et Brava. Les grandes cultures y sont à la vérité fort difficiles, par suite de la fréquence des ravins et du peu d'extension des vallées, mais la rare fertilité du sol compenserait cet inconvénient. Parmi les productions qui semblent devoir donner les meilleurs résultats, il faut citer l'huile de *palma Christi*, ou de ricin, qui forme aujourd'hui, au point de vue agricole, l'élément le plus important du commerce entre cette possession et le Portugal. Il s'exporte annuellement pour environ 500 000 francs de cette huile. Le café y est d'excellente qualité, et sa production est appelée à prendre de grands développements ; la culture du coton y trouve des terrains appropriés, elle pourrait, par suite de la proximité des marchés européens, devenir l'objet d'entreprises lucratives ; la canne à sucre, le tabac, enfin toutes les productions tropicales peuvent y être cultivées sans infériorité.

L'industrie principale de l'archipel du Cap-Vert consiste dans l'exploitation du sel minéral et artificiel ; les îles Maio et do Sal, notamment, possèdent d'abondantes salines et de vastes terrains favorables à cette industrie. L'exploitation du sel aurait sans doute quelques résultats ; mais, pour en augmenter la production, il est indispensable d'exécuter divers travaux d'établissement sur lesquels l'attention du gouvernement a été déjà appelée, et surtout d'abolir le droit d'exportation sur le sel. Nous croyons savoir que cette dernière question est en ce moment à l'étude.

Le gouvernement portugais s'est généralement peu occupé d'instruire les peuples placés sous sa domination. Cependant, dans cette colonie des efforts ont été faits dans ce sens depuis quelques années, et sous le ministère de **M.** Mendes Leal l'instruction publique était en voie de réorganisation. Un lycée fonctionne à Praia dans l'île S. Thiago : on y professe l'enseignement primaire, le latin, le français, l'anglais et les mathématiques ; ces cours sont suivis par environ cent quarante élèves. En outre du lycée, il existe trente-deux écoles primaires pour les garçons et neuf pour les filles.

M. Mendes Leal termine son rapport sur les îles du Cap-Vert en exprimant la confiance que le temps fera fructifier moralement et matériellement les semences qui sont répandues chaque jour sur cette terre.

SÉNÉGAMBIE PORTUGAISE.

La Sénégambie portugaise est une dépendance de l'archipel du Cap-Vert, dont elle n'est éloignée que d'environ 140 lieues ; elle s'étend sur la côte occidentale d'Afrique, entre les 10e et 30e degrés de latitude nord. Bissao et Cacheu sont les deux principaux établissements et les chefs-lieux des deux districts de la Sénégambie. Les limites de cette province ne sont rien moins que définies, et il est fort difficile d'indiquer jusqu'où s'étend l'action des Portugais chez ces tribus des Felupes, Bijagos, Cassangas, Balantos, Mandingas, Biaffares et

autres, fort peu disposées à se soumettre. Les Européens
y sont en très-petit nombre. L'agriculture est exclusivement exercée par les indigènes, plus laborieux dans
cette région que la généralité des races africaines.

On ne saurait trop regretter l'état d'abandon dans
lequel les Portugais ont laissé croupir cette contrée,
non-seulement de nos jours, mais depuis qu'ils en
ont la possession , c'est-à-dire depuis cette mémo-
rable époque où Emmanuel Ier, le Fortuné, portait les
titres glorieux de *roi de Portugal et des Algarves,
seigneur de Guinée et de la Conquête, de la navigation
et du commerce de l'Ethiopie, de l'Arabie, de la Perse
et de l'Inde.* Tout y a été moralement et matériellement
négligé. A peine la religion chrétienne a-t-elle pénétré
chez ces peuplades attachées aux rites du fétichisme ;
les Felupes seuls ont montré quelques dispositions
pour embrasser le christianisme. Les Mandingas pro-
fessent certaines pratiques de la religion musulmane
tout en adorant les fétiches. Cette dernière tribu con-
traste avec les tribus voisines sous le rapport de l'instruction publique : les Mandingas savent presque tous
lire et compter en arabe, tandis que leurs voisins sont
dans l'ignorance la plus complète. Ce déplorable état
de choses est dû, ici comme ailleurs, à l'odieux trafic
des esclaves.

Aux temps de la conquête, les Portugais ne songeaient
pas à fonder sur cette côte d'Afrique des établissements
étendus et solides ; ils se bornaient à créer des facto-
reries, ou points d'occupation variables et exclusivement commerciaux. Lorsque plus tard ils ont essayé
de coloniser, des difficultés sans nombre leur ont été

suscitées par des trafiquants indigènes et européens, et même par des gouvernements étrangers. L'Angleterre surtout s'est souvent attachée à amoindrir dans ces contrées le prestige et l'influence du Portugal ; elle n'a pas cessé d'y entraver l'action métropolitaine dans le but de lui substituer son action propre, non-seulement en Sénégambie, mais encore dans plusieurs autres possession portugaises. Les manœuvres de l'Angleterre ont paralysé les efforts des Portugais, et ces derniers ne devraient pas supporter exclusivement la responsabilité des actes qui ont arrêté l'essor de leurs provinces d'outre-mer.

Dans cette colonie, le terrain est généralement plat ; il est arrosé de nombreuses rivières, parmi lesquelles le Rio-Grande, le Rio de Geba, le S. Domingos et le Cazamanza, dont les embouchures forment des deltas où sont parsemées de nombreuses îles, au sujet desquelles des contestations fréquentes se sont élevées entre l'Angleterre et le Portugal. Récemment, en 1863, le gouvernement britannique cherchait à prendre possession de l'île Bolama, située à l'embouchure du Rio-Grande ; mais ce conflit a été facilement apaisé. Jusqu'ici les Anglais, malgré des efforts réitérés, n'ont pu encore s'établir solidement à l'embouchure du Rio-Grande, par suite de l'opposition des indigènes, notamment des féroces Bijagos.

Les Portugais n'ont point tiré parti des ressources du sol, ni du caractère actif et essentiellement commerçant des populations de la Sénégambie ; leurs voisins les Anglais de Sierra-Leone ont été plus entreprenants, et ont su augmenter leur influence au détriment du Portugal. M. Mendes Leal le reconnaît volontiers; il est convaincu que cette province doit être complétement régénérée, et que des réformes partielles produiraient peu d'effet. Il faut, dit-il, opérer une transformation radicale basée sur l'instruction, afin de retirer cette colonie de la torpeur dans laquelle elle végète depuis des siècles. Une des premières conditions, c'est de rendre le gouvernement de la Sénégambie indépendant de celui de l'archipel du Cap-Vert.

ILES SAINT-THOMAS ET DU PRINCE.

Les îles Saint-Thomas et du Prince occupent une position favorable dans le golfe de Guinée; leur superficie est de 120 000 hectares et la population de 12 250 habitants. Malgré leur insalubrité actuelle, ces îles sont peut-être de toutes les terres portugaises celles qui promettent le plus de prospérité relative, par le développement qu'y prend de jour en jour la culture du café, estimé sur les meilleurs marchés à l'égal de celui de Moka. La production a doublé depuis 1859, et en 1864 l'exportation du café pour Lisbonne seulement a dépassé 350 tonnes. La grande fertilité des îles Saint-Thomas et du Prince qui, en outre du café, peuvent fournir avantageusement les divers produits d'Asie et d'Amérique, tels que le cacao, le tabac, le sucre, la cannelle, les bois de teinture et de construction, lui a fait donner le nom de Havane portugaise.

Le manque de bras et le défaut d'organisation ont empêché jusqu'ici de développer convenablement les ressources naturelles de ces îles, les seules colonies portugaises d'Afrique qui en ce moment n'exigent aucun subside de la métropole.

ANGOLA.

Les plus importantes possessions portugaises sont situées dans l'Afrique australe : la province d'Angola sur la côte occidentale, et la province de Mozambique sur la côte orientale. Parmi les travaux géographiques les plus récents publiés à Lisbonne sur ces régions, nous citerons en première ligne les deux cartes dressées sous la direction de M. Sà da Bandeira, d'après des documents anciens et modernes : la *carte de la province d'Angola*, exécutée en 1863 avec le concours du lieutenant-colonel da Costa Leal, gouverneur de Mossamèdes, et la *carte de la Zambésie et de Sofala*. Sur la carte d'Angola, les limites orientales de cette province ne sont pas indiquées, et nous ne voyons pas quels sont, parmi les territoires qui y figurent, ceux qui relèvent effectivement de l'autorité portugaise. Toutefois, il est vraisemblable que l'action de la métropole ne se fait guère sentir dans l'intérieur, sauf sur de rares points, au delà du 17ᵉ degré de longitude de Greenwich. Pour la province de Mozambique, M. Sà da Bandeira en indique l'extrème limite vers l'ouest, sur les bords du Zambèse, sous le 28ᵉ degré de la même longitude. Il n'existerait donc dans l'intérieur du continent, entre les frontières des deux provinces, dans la partie la plus étroite, qu'une zone de pays d'une largeur de 10 à 12 degrés, soit environ 220 lieues, ne relevant pas du Portugal. Mais, dans le périmètre attribué à ces possessions, il est incontestable que de nombreuses peuplades vivent complétement indépendantes et n'ont jamais reconnu aucune souveraineté, soit pour ce qui concerne la province d'Angola, soit pour celle de Mozambique où, notamment, le docteur Livingstone prétend que l'autorité portugaise s'étend peu au delà du district de Tété, tandis que d'après la carte de *Zambésie e Sofala*, cette province serait limitrophe des Makololos et des Matabélé, qui sont établis à cinquante lieues plus loin; en réalité, le point extrême de la province de Mozambique dans l'intérieur est Zumbo, sur les bords du Zambèse, à l'embouchure du rio Aruangoa, où s'établirent vers la fin du XVIIe siècle quelques familles provenant de l'Inde portugaise. Il est fort difficile, d'après les documents existants, de se faire une idée à peu près exacte de l'étendue et de la population véritables de ces deux vastes colonies. Quoi qu'il en soit, leur position respective sur l'Atlantique et sur l'océan Indien, dans la partie où le continent africain atteint à peine 500 lieues de largeur, et le peu de distance qui les sépare, permettent d'établir des communications directes et faciles allant d'une mer à l'autre. Il ne serait même pas impossible qu'un jour on pût réunir en une seule ces deux provinces qui semblent se donner la main. Le vaste royaume qui serait formé par les provinces d'Angola et de Mozambique, s'étendant de l'Atlantique à l'océan Indien, pourrait prétendre à jouer un rôle important en Afrique; sous plusieurs rapports, ce serait un nouveau Brésil. Certes, il y a là de quoi tenter l'esprit entreprenant d'un peuple; mais le Portugal possède autant de territoires qu'il peut en exploiter, et nous croyons qu'il fera preuve de sagesse en s'occupant d'abord d'en développer les ressources avant que de chercher à les étendre.

On se plaint souvent en Europe, non sans raison, de la rareté des documents portugais relatifs à leurs possessions d'outre-mer. Il se publie à Lisbonne peu d'ouvrages sur ces questions, et ceux qui se publient ne sont généralement pas connus au dehors, par la raison que la langue portugaise est médiocrement répandue et se prête peu à la vulgarisation des idées (1). Nous pourrions citer à ce sujet divers travaux littéraires et scientifiques remarquables que nous avons vus en Portugal et qu'il est impossible de se procurer à Paris, même dans les bibliothèques publiques. Les explorateurs et les missionnaires étrangers nous ont jusqu'ici donné des informations plus nombreuses sur les possessions portugaises de l'Afrique australe que les Portugais eux-mêmes. Ce sont les voyages du docteur Livingstone, notamment, qui nous ont fait connaître les pays situés entre Loanda et Quilimane, l'une des embouchures du Zambèse. Les publications du célèbre docteur ont produit un certain émoi en Portugal, où, tout en rendant hommage aux éminentes qualités du missionnaire écossais, les Portugais revendiquent pour leurs compatriotes la priorité d'une partie de ses découvertes; ils procla-

(1) En Portugal on parle et on écrit très-couramment la langue française. Les écrivains portugais l'emploient fréquemment. Parmi les ouvrages écrits en français nous citerons : LE PORTUGAL ET LA MAISON DE BRAGANCE, par M. A. A. Teixeira de Vasconcellos. Cet important ouvrage, écrit en fort bon style, rempli de renseignements et de faits instructifs, est très-connu en France.

ment que cet explorateur a puisé, soit dans leurs archives, soit auprès de leurs voyageurs, un grand nombre des éléments de sa relation, et ils protestent énergiquement contre les vives attaques que le docteur Livingstone adresse à leur pays. On ne peut douter en effet que les Portugais n'aient pénétré dans l'intérieur avant toute autre nation européenne ; mais, soit par des motifs politiques, soit par indifférence, le silence a été fait autour de ces explorations. Un missionnaire portugais, Joâo dos Santos, a résidé sur les bords du Zambèse, dans les environs de Senna, de 1586 à 1597 ; d'autres Portugais avaient visité de bonne heure les bords du Chire et du N'hanja ; l'infortuné docteur Lacerda et le commerçant Manuel Pereira avaient parcouru de grandes étendues de pays et fourni des notions sur le Cazembe ; de 1808 à 1815, deux nègres, Pedro Joâo Baptista et Amaro José, portèrent à travers l'intérieur des messages du gouverneur d'Angola au gouverneur de Mozambique, et *vice versâ ;* en 1831 et 1832, le major Monteiro dirigea une exploration de Tété à Lunda, dont la relation a été publiée à Lisbonne en 1854 par le major Gamitto ; enfin, parmi les voyages plus récents entrepris sous l'initiative du Portugal, on peut citer encore ceux de Ladislas Magyar et du docteur Welwitsch. En un mot cette région australe était à peu près connue depuis longtemps par les Portugais. Mais, si le docteur Livingstone a eu des prédécesseurs, si même, ainsi que cela ne paraît pas douteux, il s'est servi de nombreux documents portugais qui ont assurément facilité sa tâche, personne avant lui n'avait décrit le pays avec toutes les garanties de la science ; c'est surtout par ses mémorables voyages du Cap à Loanda et de Loanda à Quilimane que l'intérieur de l'Afrique australe a été révélé. Il appartient aujourd'hui au Portugal de compléter nos connaissances sur ces contrées ; qu'il y envoie des explorateurs, des missionnaires, et il s'acquerra des titres à la reconnaissance du monde civilisé.

La province d'Angola a été conquise en partie par Paul Dias de Novaes, qui débarqua dans l'île de Loanda en 1575. C'est la plus considérable de toutes les possessions portugaises. On lui reconnaissait généralement pour frontières le rio Ambriz au nord, et le cap Negro au sud. Suivant la carte de M. Sà da Bandeira, cette possession s'étendrait davantage sur les côtes de l'Océan ; elle serait limitée au nord par le rio Cacongo, qui se jette dans l'Atlantique un peu au-dessous du 5e degré de latitude australe, et au sud par le cap Frio, situé un peu au delà du 18e degré de la même latitude, ce qui constituerait un littoral de près de trois cents lieues de développement, et ferait rentrer le cours inférieur du fleuve Congo, ou Zaïre, et du Cunène sous la domination des Portugais. Le savant marquis appuie cette délimitation sur des documents authentiques dont nous ne discuterons pas ici la valeur. Il rappelle qu'un navigateur portugais, Diogo Cam, decouvrit en 1484, environ un siècle avant le voyage de Paul Dias de Novaes, le fleuve du Congo et en prit possession, ainsi que des terres adjacentes, au nom de Jean II, roi de Portugal ; que plus tard, en 1570, le roi du Congo fit cession à la couronne portugaise de toute la côte maritime comprise entre le Zaïre et l'île de Loanda. M. Sà da Bandeira cite encore les traités conclus entre le

Portugal et la France en 1790, entre le Portugal et la Grande-Bretagne en 1810, entre ces mêmes puissances en 1817, et enfin la charte de la monarchie portugaise de 1826.

Le littoral, généralement montagneux, pierreux et stérile, est pourvu d'excellents mouillages. Les principaux établissements que l'on y rencontre sont : la ville de Loanda, chef-lieu de la province située vers le 9ᵉ degré de latitude ; au nord de Loanda, l'établissement d'Ambriz ; au sud, Novo-Redondo, Egypto, Catumbella, la ville de Benguella, Cuio, la ville de Mossamèdes, fondée tout récemment, en 1840, et Pinda. Loanda compte 14 à 15 000 habitants, Benguella près de 4000 et Mossamèdes 4500. Entre l'embouchure du Congo et celle du Cunène, près d'une quarantaine de cours d'eau se jettent dans l'Océan ; les plus importants d'entre eux sont : l'Ambriz, le Loge, le Dande, le Bengo, le Quanza, le Catumbella, le San-Francisco, le Carumjamba et le Coroca.

Les limites d'Angola vers l'est ne sont pas, avons-nous dit, marquées sur la carte de M. Sà da Bandeira ; nous allons néanmoins tâcher de les indiquer approximativement.

Au nord du rio Quanza, qui arrose le centre de la colonie, la province s'étend, parallèlement à la côte Atlantique, du district de San Salvador, qui confine au fleuve Congo, au district de Braganza, sur une largeur moyenne d'environ 250 kilomètres ; là elle se prolonge vers l'Orient jusqu'à la chaîne de Talla-Mogongo, dans le district de ce nom, et comprend même une partie de la fertile vallée de Cassange, arrosée par le Quango, une des branches principales du Zaïre. Cassange est situé à environ 500 kilomètres à l'est de Loanda ; c'est, de tous les territoires relevant de l'autorité du Portugal, le plus avancé dans l'intérieur de l'Afrique. Le Quanza prend sa source dans le massif montagneux situé au sud-est du pays de Bihé, et se dirige vers le nord jusqu'au 10ᵉ degré de latitude pour couler ensuite de l'est à l'ouest vers l'Atlantique, où il se jette à environ 50 kilomètres au sud du Loanda : il marque ainsi vers l'est la limite extrême des possessions portugaises, qui seraient ensuite plus au sud limitées par le Cunène, dont la source est située sur le versant méridional du même massif montagneux. Ce fleuve amène ses eaux dans l'Océan, entre les 17ᵉ et 18ᵉ degrés de longitude.

Le cap Frio, qui, d'après M. Sà da Bandeira, indiquerait l'extrémité de la province, est situé à environ 20 lieues plus bas que l'embouchure du Cunène.

Telle est à grands traits l'extension générale de la province d'Angola. Nous devons néanmoins faire quelques réserves au sujet des territoires situés à l'ouest du cours supérieur du Quanza, notamment du Bihé, contrée remarquable par la quantité et la valeur des marchandises qu'elle fournit, et du pays des Kinbumdas, sur lesquels le Portugal n'exerce qu'une action très-peu sensible. Les Kinbumdas constituent une des plus remarquables et des plus puissantes nations de l'Afrique australe ; au moral, ils sont braves, intelligents et adonnés au commerce ; au physique, leur belle taille et la régularité de leurs traits les distinguent des autres races africaines. Les Kinbumdas ont été envahis en 1774 par les armes portugaises, et leur chef s'est reconnu vassal de la Couronne. La polygamie est en usage parmi eux ; malgré cela, la population s'y développe considérablement. D'après Ladislas Magyar, qui a parcouru récemment et fructueusement cette contrée, le pays des Kinbumdas s'étend au sud et à l'ouest du Quanza sur une superficie d'environ 7300 milles carrés (de 18 au degré), et forme la partie la plus montagneuse de cette contrée ; le même voyageur en évalue la population à 1 200 000 habitants, chiffre qui paraît bien élevé si on le compare à la densité de la population dans les pays analogues.

Plus près de la côte, à une douzaine de lieues de Mossamèdes, se trouvent les Mumdombes ; ces indigènes, quoique tributaires du Portugal, sont gouvernés par leurs propres chefs, et leurs relations avec les Européens n'ont eu d'autre effet que de leur faire contracter les vices de la civilisation, sans leur communiquer une seule de ses vertus.

Sur d'autres points, au nord du district de Braganza, à l'est de celui de Talla-Mogongo et ailleurs, vivent des tribus indomptables, qui créent de sérieuses difficultés aux Portugais, dont la domination ne se maintient dans l'intérieur qu'à l'aide d'une foule de forts disséminés. Les forces militaires que le Portugal entretient dans cette province s'élèvent à environ 15 000 hommes, dont la grande majorité est formée par des régiments nègres ; cet effectif est suffisant pour parer à toutes les éventualités.

A diverses reprises, les révoltes des indigènes ont ébranlé l'autorité de la métropole. Cependant depuis

quelques années, notamment depuis la répression des
farouches nègres Jingas et la pacification du territoire
de Cassange, la paix et le calme paraissent rétablis ; des
relations commerciales ont même été ouvertes et con-
tinuent à s'ouvrir avec les peuples non soumis. Le chef
de Cassange, ou Jaga, un des derniers révoltés, vit
aujourd'hui en termes convenables avec les Portugais ;
il a envoyé récemment son fils au séminaire de Loanda
pour qu'il y soit élevé dans la carrière ecclésiastique,
et sur sa demande des instituteurs ont été installés à
Cassange. Il est à désirer que le bon exemple du Jaga
soit imité par d'autres chefs de tribu.

Les documents statistiques relatifs à la superficie et
à la population manquent complétement. D'après l'*Almanach de Gotha*, où nous avons déjà puisé, la province
d'Angola comprendrait une surface de 53 millions
d'hectares et une population totale de 2 millions d'habitants. Quant à la superficie, nous trouvons en me-
surant sur la carte d'Angola, et en adoptant les limites
que nous avons indiquées plus haut, c'est-à-dire un
périmètre dans lequel se trouvent compris des territoires non soumis, une surface d'environ 50 millions
d'hectares, ce qui diffère peu du premier chiffre. Pour
ce qui concerne la population, il est plus difficile de
s'en faire une idée approximative. M. Sà da Bandeira
confirme sur sa carte l'évaluation de 2 millions d'habitants, et néanmoins cette évaluation semble bien
élevée si on la rapproche du chiffre de la population
coloniale, 386 500, qui figure dans les *Ensaios sobre a
statistica das possessoes portuguesas*, publiés à Lisbonne en 1846, par ordre du gouvernement. Le nombre

de 2 millions d'habitants comprend assurément diverses populations nomades et indépendantes. L'élément européen y est très-faible, à peine quelques milliers d'habitants, tandis qu'on y compte environ 510 000 mulâtres ou nègres, nés sur le territoire des districts. Dans ce dernier chiffre se trouve comprise la population désignée sous le nom de « naturels des colonies », c'est-à-dire blancs ou gens de couleur provenant des Indes et de Macao ; leur nombre s'élève à 11 000.

La province d'Angola ne mérite pas la réputation d'insalubrité excessive qu'on lui attribue généralement.

Le climat, à la fois humide et ardent comme dans toutes les zones torrides, est malsain sur le littoral ; il est même délétère sur certaines parties de la côte, notamment dans les environs de Benguella ; mais, plus au sud, le port et le district de Mossamèdes sont au contraire dans de bonnes conditions hygiéniques. A l'intérieur, en dehors de quelques parties marécageuses et de quelques vallées limoneuses et humides, où les maladies sont réellement à redouter, le reste du pays jouit d'un climat relativement favorable ; sur les plateaux élevés, on trouve même un air sec et salubre.

Les principales montagnes, en outre des massifs du Huambo et du Bihé, où prennent leur source le Quanza et le Cunène, sont : la serra de Chella, qui s'élève parallèlement au littoral entre les 14° 30′ et 16° 30′ de latitude, à environ 20 lieues de distance de Mossamèdes, et se dirige ensuite brusquement à l'est, sous le nom de serra da Neva, vers Killengues et Caconda, pour se rattacher au système de montagnes de Huambo ; la

serra Mozamba, qui prend naissance à l'est des sources
du Quanza sous le 13e degré de latitude, se dirige à
peu près du sud au nord et est continuée par la serra
Talla-Mogongo. On remarque encore quelques montagnes isolées, telles que la serra de Canganza, située à
l'ouest de Braganza, la serra de Bamba, parallèle à la
côte, au nord d'Ambriz, et les hauteurs situées à l'est
de Benguella. Nous regrettons que la carte de M. Sà da
Bandeira n'indique pas quelques altitudes, même ap-
proximatives, des plateaux et des montagnes, car c'est
là un élément indispensable pour se rendre compte
non-seulement de la configuration d'une contrée, mais
encore de ses conditions d'exploitation et de ses ressources. Ladislas Magyar nous donne quelques rares
indications à ce sujet ; suivant lui, les plus hauts som-
mets des montagnes de cette région ne dépasseraient
pas la hauteur de 2000 mètres au-dessus du niveau de
la mer.

Les ressources naturelles de la province d'Angola
sont très-considérables. Ce vaste territoire, où les eaux
abondent sur de nombreux points, est propre à toutes
les cultures et pourrait fournir dans d'excellentes conditions toutes les variétés de produits des zones tropicales. Le règne minéral n'y est pas moins riche que
le règne végétal. En outre des métaux précieux, on y
trouve de nombreux gisements de cuivre dont quelques-
uns sont d'une grande richesse ; dans le district de
Mossamèdes seulement on en compte soixante-quatre.
Des mines de fer, exploitées exclusivement par les indigènes, et dont cependant autrefois le Portugal tirait
parti, ainsi que l'attestent les ruines d'un établisse-

ment important fondé il y a un siècle par le marquis
de Pombal, s'y montrent sur divers points. Il a même
été signalé des affleurements de houille dont on ne con-
naît encore ni la qualité ni la puissance. Des explorations et des recherches intelligentes amèneraient, on
ne peut en douter, la découverte de richesses dont il
est difficile de prévoir toute l'importance.

Néanmoins c'est du côté de l'agriculture que doivent
se porter les efforts de la colonisation d'Angola; les
fertiles districts de Benguella, de Mossamèdes, de
Golongo-Alto, de Braganza, de Talla-Mogongo, tout le
vaste bassin de Quanza, un grand nombre de vallées,
ont été déjà l'objet d'un certain développement agricole, et donnent une idée des magnifiques produits que
le travail arracherait à cette terre féconde. Parmi les
nombreuses productions du sol, nous citerons d'abord
le coton. En 1859, la province d'Angola a exporté
environ 45 000 kilogrammes de ce textile ; en 1863
l'exportation a dépassé le chiffre de 115 000 kilogrammes, et en 1865 l'exportation du coton s'est
élevée à environ 500 000 kilogrammes, c'est-à-dire
que dans l'intervalle de six ans la production en a été
plus que décuplée ; cependant la culture s'y faisait
sans ensemble et sans méthode sur des points disséminés. En 1865, Mossamèdes seulement a exporté
122 000 kilogrammes de coton. Après avoir donné ces
chiffres éloquents, M. Mendes Leal s'élève avec raison
contre ceux qui regardent l'Afrique comme un pays
inaccessible aux progrès agricoles. L'importance que
la question du coton a prise dans ces derniers temps
à la suite de la guerre fratricide des États-Unis, a fait

jeter les yeux sur les diverses parties du globe où
cette culture pourrait être exploitée avec avantage.
Nul pays n'est mieux doué sous ce rapport que la province d'Angola; le sol et le climat sont tellement favorables au cotonnier, que dans tous les districts les
essais de cette culture ont été couronnés du plus heureux succès, et, en outre, le prix de la main d'œuvre y
est infiniment plus modéré qu'en Amérique. Des échan-
tillons de coton envoyés en Angleterre ont été classés
à Manchester parmi les meilleurs similaires de la
Géorgie. Un économiste portugais, M. Francisco Luiz
Gomes, député aux Cortès, a publié à Lisbonne une
brochure dans laquelle il traite la question de la production cotonnière à Angola, et où il démontre que
cette colonie portugaise est dans de meilleures conditions que les Indes orientales pour approvisionner de
coton les marchés d'Angleterre (1).

L'exportation du café, surtout celui de Cazembe,
augmente aussi dans de fortes proportions; un seul
propriétaire est arrivé rapidement à se faire un revenu
de 250 000 francs par la culture du café. La canne à
sucre prospère à Mossamèdes et sur d'autres points. Il
y a peu d'années, la province d'Angola importait
d'énormes quantités d'eau-de-vie; depuis 1863, elle
en exporte. En 1865, Mossamèdes a expédié 400 pipes
d'eau-de-vie en Europe.

Assurément cette contrée possède de précieux élé-

____

(1) *De la question du coton en Angleterre et dans les possessions
portugaises de l'Afrique occidentale,* par M. F. L. Gomes, membre
de Bombay Branch of the Royal Asiatic et député aux Cortès de
Portugal.

ments pour devenir l'objet d'une vaste exploitation cotonnière, mais deux choses essentielles lui font encore défaut : les bras et les voies de communication. Les bras ne manqueraient pas si l'on parvenait à utiliser convenablement la population indigène, et la construction de routes s'ensuivrait naturellement. La province d'Angola cependant n'est pas complétement dépourvue de voies de communication, et il s'y en construit tous les jours de nouvelles. La carte de M. Sà da Bandeira indique des routes en nombre restreint sur toute l'étendue de la colonie ; la rive droite du Quanza est sous ce rapport la mieux douée. Les territoires au nord de cette rivière paraissent à peu près desservis ; les établissements principaux, tels que San Salvador, Ambriz, Bembe, Encoge, Braganza, Golungo-Alto, Ambaca, Malange, Sanza, Talla-Mogongo et Cassange sont reliés par des chemins en plus ou moins bon état où les transports s'effectuent le plus souvent à dos d'homme ; les districts au sud du Quanza sont mis en communication par un chemin latéral à la côte, qui se dirige à l'intérieur de Benguella, vers Bailundo, Bihé et Quillingues, et de Mossamèdes vers les fertiles territoires situés à l'est. Le district de Mossamèdes est celui où, dans ces derniers temps, la construction des routes a pris le plus grand développement sous l'intelligente administration de M. da Costa-Leal, gouverneur ; aussi les résultats obtenus montrent-ils que cette partie de la province est en bonne voie de prospérité. Dans l'année 1865, le chiffre des exportations y a dépassé 830 000 fr., ce qui constitue un excédant de 350 000 francs sur les importations. Depuis quelque temps il est question

d'établir un chemin de fer entre la ville de Loanda et
Calumbo, située sur les bords du Quanza, ce qui met-
trait le chef-lieu de la province en communications
directes et faciles avec cette importante rivière, acces-
sible à la navigation jusqu'à Cambambe, sur un par-
cours de plus de 250 kilomètres Plus tard les chemins
de fer devraient même remonter la vallée du Quanza
et déboucher dans celle de Cassange. L'établissement
de cette voie imprimerait une forte impulsion au mouvement commercial de la contrée ; la construction en
serait relativement peu onéreuse, et les produits qui
en résulteraient couvriraient en peu de temps les
sommes dépensées. Pour plus d'économie, on pourrait
se borner d'abord à établir un simple chemin de fer
américain.

La province d'Angola reçoit annuellement de la
métropole un subside d'environ 660 000 francs, somme
plus qu'insuffisante pour ses besoins réels. Ce n'est
pas des subsides de l'État que M. Mendes Leal espère
le développement agricole de la colonie, mais, avec
raison, du concours des capitaux industriels. Les opérations de la Banque nationale ultramarine et les bons
résultats qu'elles ont produits, malgré l'opposition
systématique des partisans de la traite, donnent une
idée des services que cette institution est destinée à
rendre un jour à la colonie. Le gouvernement accorde,
en outre, à des sociétés privées des concessions de mines
et d'immenses étendues de terrains pour les exploiter à
leur gré et à leurs frais ; un de nos compatriotes,
M. de Bellegarde, a obtenu récemment une concession
de 170 000 hectares à choisir à volonté dans la province

d'Angola. Les entreprises de ce genre, lorsqu'on arrive à les organiser sérieusement et solidement, peuvent devenir des sources de richesse pour l'État aussi bien que pour les concessionnaires.

C'est sur les populations indigènes que doit tout naturellement s'appuyer l'édifice colonial d'Angola ; gangrenées comme elles l'ont été jusqu'ici par l'industrie de la traite des nègres, elles sont peu aptes à se former au travail. Les énormes bénéfices que produisait autrefois l'exploitation de l'homme par l'homme, faisaient négliger entièrement les travaux agricoles ; de là le délaissement absolu des ressources naturelles du sol et l'abrutissement de ses populations. Aujourd'hui même, si la traite ne se fait plus ostensiblement sur les points où sont établies les autorités portugaises, les trafiquants n'y ont pas encore complétement renoncé. Le gouvernement, ceci est notoire, fait tous ses efforts pour mettre fin à cet état de choses, mais sa vigilance est parfois mise en défaut. Pour redresser les instincts des indigènes et adoucir leurs mœurs, le meilleur moyen, c'est de propager l'instruction publique ; de grands efforts sont nécessaires dans ce sens pour l'édification sociale de la colonie. Le gouvernement portugais entre dans cette voie ; il a créé dans les divers districts de la province vingt-cinq écoles qui sont fréquentées par un millier d'élèves. Le district de Loanda en compte douze, suivies par près de six cents élèves, En outre, un séminaire a été fondé dans cette ville pour former des missionnaires ; cet établissement compte environ deux cents élèves qui sont destinés à devenir un jour les conquérants pacifiques de cette vaste contrée.

Ainsi que toutes les possessions portugaises d'Afrique, Angola était dans le principe un lieu de déportation ; la population européenne en dehors des négriers était composée presque exclusivement de condamnés avec lesquels il devenait fort difficile de former un noyau de colons. Plus tard quelques émigrants s'y dirigèrent, mais moins pour s'y établir que pour s'enrichir rapidement par tous les moyens, et l'abandonner ensuite sans y laissser trace de leur industrie.

Les efforts que le gouvernement a faits dans ces derniers temps pour détourner vers Angola le courant d'émigration qui entraîne les Portugais au Brésil, ont complétement échoué et échoueront encore, tant que d'importantes réformes politiques et économiques n'auront pas été apportées aux institutions qui régissent cette province. L'émigrant ne se dirige volontiers que vers les contrées où une administration équitable le laisse libre dans ses mouvements, tout en le protégeant lorsque le besoin s'en fait sentir. C'est en offrant ces avantages aux colons que le Portugal parviendra à attirer dans ses possessions d'Afrique, non-seulement ses nationaux, plus particulièrement disposés à toutes les époques à s'établir sur les territoires relevant de la mère patrie, mais encore une partie des travailleurs qui se dirigent vers les Amériques et vers d'autres contrées. Angola est un pays trop peu connu, une contrée à découvrir ; il est indispensable de publier au grand jour la vérité entière sur ces régions mystérieuses, dont l'insalubrité a été exagérée et dont la fécondité n'est pas suffisamment établie dans l'esprit des populations laborieuses. Depuis quelques années cependant les Portugais se sont un peu départis de la répulsion que leur inspirait Angola ; ils redoutent moins de s'y diriger. M. Mendes Leal constate que les populations se dilatent peu à peu, que les terrains cultivés suivent une progression croissante, que les coutumes se civilisent, et il cite quelques faits à l'appui de ses opinions. Mossamèdes, dont la fondation remonte à vingt-cinq ans, est aujourd'hui une ville importante et des plus florissantes de la colonie ; Capangombe, fondée depuis quatre ans à peine, compte déjà près de quatre cents Européens. Nous désirons sincèrement la continuation de ce mouvement ascendant, et nous espérons que dans un avenir peu éloigné, il se formera sur cette plage d'Afrique un véritable noyau colonisateur, apte à développer les ressources du sol et les facultés morales et matérielles de ses habitants. C'est l'intérêt général de la civilisation.

MOZAMBIQUE.

Nous nous étendrons beaucoup moins au sujet de cette province, sur laquelle d'ailleurs, au point de vue de la colonisation, il reste tant à faire, et nous nous bornerons à analyser sommairement les faits principaux relatés dans les rapports de M. Mendes Leal.

La province de Mozambique est plus étendue que celle d'Angola ; sa superficie est de 75 millions d'hectares, tandis que sa population n'est que de 300 000 habitants. Ces chiffres, puisés aux mêmes sources que ceux d'Angola, n'offrent pas un grand caractère d'exactitude et donneraient lieu à des observations comme celles que nous avons déjà présentées ailleurs.

Mozambique, sous certains rapports, jouit de la réputation d'être encore plus richement dotée qu'Angola. La fertilité du sol et la variété des produits y sont surprenantes. Mais malheureusement le climat est ici encore plus défavorable. Cette province est ruinée et démoralisée; c'est toujours la même cause qui a produit ces déplorables effets : la traite des nègres. Pendant de longues années la vente des esclaves a été l'unique industrie de Mozambique. Lorsque cet horrible commerce a disparu presque partout, grâce aux mesures sages et énergiques des puissances civilisées, il se maintient malheureusement encore dans cette partie de l'Afrique orientale. La province de Mozambique n'est qu'une charge ruineuse pour le Portugal; il n'y a là que de vastes territoires à maintenir, des indigènes belliqueux à combattre, une longue ligne de côtes à surveiller, et avec tous ces désavantages une très-faible population industrieuse et civilisée. Pour coloniser cette contrée ingrate, il faut en quelque sorte ouvrir des débouchés au commerce les armes à la main. La relation des opérations militaires exécutées dans ces dernières années occupe nécessairement la place la plus importante dans les annales de cette province.

L'instruction publique s'y développe, et encore sur de rares points, avec une extrême difficulté, par suite de la grande rareté, sinon de l'absence totale des voies de communication. L'agriculture en est à peine à ses premiers pas; le gouvernement lui accorde néanmoins quelques encouragements, et afin d'exciter le zèle des indigènes, il achète leurs produits aux frais du trésor public, principalement le coton, qui pourrait y être cultivé sur d'immenses surfaces avec autant de succès qu'aux États-Unis.

Il est indispensable d'ouvrir des communications et surtout de chercher à utiliser le cours du Zambèse, ce fleuve magnifique, le plus important de l'Afrique méridionale. Dans ce but le gouvernement portugais fait actuellement explorer le Zambèse au moyen d'un bateau à vapeur d'un faible tirant d'eau, spécialement construit à cet effet.

Pour le moment le Portugal, avec de grands efforts et de coûteux sacrifices, peut à peine conserver dans cette contrée les territoires qu'il possède, sans songer à en acquérir de nouveaux.

Le percement de l'isthme de Suez pourra peut-être un jour, en ouvrant de nouveaux débouchés et en rapprochant Mozambique de l'Europe, produire un favorable effet sur cette colonie, qui n'a été jusqu'ici qu'un lourd fardeau pour la nation portugaise.

La plupart des hommes d'État du Portugal ont le sentiment que c'est des possessions d'outre-mer que leur patrie doit espérer une ère de grandeur et de prospérité. D'autres convictions, également sincères, ne voient dans les colonies d'Afrique qu'une cause de ruine pour la métropole : on leur reproche de n'avoir rien produit, et l'on se demande s'il n'y aurait pas lieu d'examiner jusqu'à quel point l'intérêt bien entendu du Portugal ne lui conseille pas d'en abandonner une partie. Cette dernière opinion nous paraît fort exagérée. Les possessions d'Afrique ont, en effet, jusqu'ici rapporté peu de chose ou rien à la mère patrie ; elles lui occasionnent une dépense annuelle d'environ deux millions et demi de francs ; mais ce ne peut être une raison suffisante pour y renoncer. Le Portugal est une puissance éminemment maritime, qui doit tout attendre de ses colonies ; seules, elles peuvent le vivifier. L'insuccès de la colonisation pendant trois siècles prouve simplement la négligence, sinon pis, des gouvernements qui se sont succédé pendant ce long intervalle, et comme ce n'est guère que depuis une vingtaine d'années que l'on s'est occupé plus sérieusement des possessions d'Afrique, il n'est point surprenant qu'elles n'aient pas encore atteint leur développement normal. Une des causes qui, même à notre époque, entravent leur essor, c'est l'instabilité du pouvoir. Un ministre, en Portugal, se maintient rarement pendant quatre ou cinq années à la tête de l'administration des colonies ; c'est à peine s'il a le temps d'étudier les questions et de préparer quelques réformes, que son successeur ne mettra pas à exécution. Avec un pareil système, quelles que soient la bonne volonté, les aptitudes et l'intelligence des administrateurs, on ne peut rien fonder de durable.

Nous terminerons ici cet aperçu. Un jour probablement nous reprendrons cette intéressante question,

qui nécessite une étude plus approfondie et des développements incompatibles avec les exigences du recueil
scientifique en vue duquel nous écrivons.

Mai 1866.

Paris. — Imprimerie de E. MARTINET, rue Mignon, 2.